# ZOOM sur le français

## TESTEZ ET AMÉLIOREZ VOS CONNAISSANCES

Stéphane Vallée

QUÉBEC
LOISIRS
Le club

Conception de la couverture : Lexis Media
Conception graphique : Sylvie Tétreault
Mise en pages : Lexis Media
Révision : François Morin
Correction d'épreuves : Richard Bélanger et Sabine Cerboni

Imprimé au Canada

ISBN : 978-2-89430-941-4

Dépôt légal – Bibliothèque et Archives nationales du Québec, 2008

Les Éditions Caractère remercient : Gouvernement du Québec –Programme de crédit
d'impôt pour l'édition de livres – Gestion SODEC

Les Éditions Caractère reconnaissent l'aide financière du gouvernement du Canada par
l'entremise du Programme d'aide au développement de l'industrie de l'édition (PADIÉ)
pour nos activités d'édition.

# TABLE DES MATIÈRES

# INTRODUCTION

Cet ouvrage propose plusieurs exercices reliés à l'orthographe d'usage et aux accords grammaticaux. Son utilisation est assez simple : chacune des sections comporte une épreuve de qualification de 25 questions, suivie d'une section d'explications appelée *Chez l'entraîneur* et d'une section d'exercices appelée *À l'entraînement*. Les exercices sont classés en trois échelons. Commencez par la première épreuve de qualification. Lorsque vous l'aurez terminée, consultez son *Corrigé* à la page indiquée à la fin de l'épreuve. Comptez un point par bonne réponse, puis, selon votre score, établissez le nombre d'exercices d'entraînement que vous devez faire (voir ci-après le tableau *Comment interpréter vos résultats*). Prenez ensuite le temps de lire la section *Chez l'entraîneur* afin de consolider vos acquis ou d'assimiler de nouvelles notions, puis faites l'exercice (ou les exercices) requis pour vous améliorer.

Bon travail !

## COMMENT INTERPRÉTER VOS RÉSULTATS

| | | |
|---|---|---|
| Si vous avez obtenu **entre 20 et 25 points**, vous êtes un champion ou une championne dans le domaine, et vous n'avez probablement pas besoin de faire d'exercices d'entraînement, sauf si vous le souhaitez vraiment. | Si vous avez obtenu **entre 15 et 19 points**, vous vous débrouillez assez bien, mais vous devez faire au moins un exercice pour parfaire vos connaissances. | Si vous avez obtenu **14 points ou moins**, vous devez absolument faire les trois exercices, car « c'est en forgeant qu'on devient forgeron ». |

# LES LETTRES CADUQUES OU MUETTES INTERCALÉES

## ÉPREUVE DE QUALIFICATION

**Réécrivez le mot souligné en y insérant, au bon endroit, la lettre muette manquante.**

1. Le **sélérat** n'osera plus abuser de sa confiance. _____

2. L'annonce de la capture du monstre du Loch Ness souleva le **septicisme**. _____

3. Ce ne fut pas de **gaité** de cœur que je lui remis l'argent du loyer. _____

4. Dans le parc, les promeneurs écoutent le **pépiment** des moineaux. _____

5. La profession de psychologue requiert un certain **doité**. _____

6. Les médecins ont constaté une **recrudesence** de ce type d'infection. _____

7. Le **ralliment** des troupes chinoises se fit devant le monastère tibétain. _____

8. Elle déposa le bouquet de **dalias** dans un vase rempli d'eau. _____

9. Les pétioles de la **rubarbe** s'avèrent tout à fait comestibles. _____

10. Effectuerez-vous votre **paiment** par carte de crédit ? _____

11. Son acharnement **patétique** ne me convaincra pas de son innocence. _____

12. Tu trouveras ces nouveaux produits dans les **comtoirs** réfrigérés. _____

13. La caisse populaire du village sera **sindée** en deux succursales.

14. Son crime horrible lui aura valu la **condanation** à perpétuité.

15. Plusieurs personnes prennent l'**asenseur** pour se rendre à l'observatoire.

16. Les mâts et les étais font partie du **grément** du navire.

17. L'astéroïde fut **batisé** du nom de son découvreur.

18. L'**ornitorynque** ressemble à un hybride de castor et de canard.

19. Le malade reçut une carte de **promt** rétablissement.

20. Grâce à son régime alimentaire, elle affiche une **silouette** svelte.

21. Certaines infections sont traitées à l'aide de **sansues**.

22. Cette pommade soulagera ses **rumatismes**.

23. Les citoyens seront **exemtés** de taxes municipales.

24. L'homme sans tabous regardait sa voisine avec **concupisence**.

25. Le **téier** est cultivé pour ses feuilles qu'on infuse.

JUGE

## Chez l'entraîneur

**Certaines lettres intercalées sont dites caduques ou muettes, car elles ne se prononcent pas. Elles témoignent toutefois de l'histoire du mot, de son étymologie.**

Le C caduc ou muet intercalé est souvent précédé du S et suivi de la voyelle E ou I ; il sert parfois à séparer le S d'une voyelle afin que celui-ci ne se prononce pas [z].

| | | | |
|---|---|---|---|
| accrescent | escient | opalescent | sciemment |
| acquiescer | éviscérer | phosphorescent | science |
| adolescent | fascicule | piscine | sciène |
| arborescent | fascinant | pisciculture | scientifique |
| ascendant | fascination | pubescent | scier |
| ascète | fluorescent | rancescible | scierie |
| aspect | immiscer | résipiscence | sciemment |
| caulescent | incandescent | respect | scion |
| condescendant | indiscipline | sceau | scintillant |
| conscient | instinct | sceller | scintiller |
| convalescence | irascible | scénarimage | scissiparité |
| dégénérescent | lactescent | scénario | scissure |
| desceller | lascif | scénariste | sciure |
| descendant | luminescent | scène | succinct |
| descente | miscible | scénique | susciter |
| discernable | neuroscience | sceptique | tumescent |
| disciple | obscénité | sceptre | turgescence |
| discipline | obsolescent | sciatique | viscère |
| effervescent | omniscient | scie | viscéral |

Le E caduc ou muet intercalé est souvent précédé de la voyelle I ou U et apparaît la plupart du temps dans des noms communs dérivés de verbes.

| | | | |
|---|---|---|---|
| aboiement | déliement | fourvoiement | rassasiement |
| apitoiement | dénouement | jointoiement | remaniement |
| appariement | dénuement | larmoiement | remblaiement |
| asseoir | dépliement | licenciement | remerciement |
| atermoiement | déploiement | louvoiement | renflouement |
| balbutiement | dévoiement | maniement | repliement |
| bégaiement | dévouement | nettoiement | rouerie |
| broiement | ébrouement | nouement | rudoiement |
| boulevard | échouement | ondoiement | secouement |
| chatoiement | égaiement | paierie | soierie |
| congédiement | engouement | pliement | tuerie |
| convoiement | enjouement | ploiement | tutoiement |
| côtoiement | enrouement | poudroiement | verdoiement |
| coudoiement | festoiement | rabrouement | vouvoiement |
| crucifiement | flamboiement | rapatriement | zézaiement |
| déblaiement | foudroiement | rapparistement | |

Le G caduc ou muet intercalé précède généralement la consonne ou T.

| | | | |
|---|---|---|---|
| doigt | doigter | rince-doigts | vingtième |
| doigté | longtemps | vingt | vingtièmement |

Le H caduc ou muet intercalé est parfois précédé de la consonne B, C, D, K ou T ou de la voyelle A, É et I.

| | | | |
|---|---|---|---|
| abhorrer | cacahuète | inhalateur | réhabiliter |
| absinthe | cahot | inhalation | répréhensible |
| acanthe | cahute | inhaler | rhabiller |
| adhérence | cathare | inhérent | rhéostat |
| adhérent | cathédrale | inhiber | rhétorique |
| adhérer | chlore | inhibition | rhinite |
| adhésion | chœur | jacinthe | rhinocéros |
| aérolithe | cohabiter | khmer | rhododendron |
| ahuri | cohérence | khôl | rhum |
| amphithéâtre | cohérent | léthargie | rhume |
| anesthésie | cohésion | lithographie | rythme |
| annihiler | cohorte | luthier | saharien |
| antipathie | cohue | malheur | souhait |
| anthologie | compréhensible | méhariste | sympathie |
| apathie | déshabiller | menhir | synchroniser |
| apothicaire | discothèque | menthe | térébenthine |
| appréhension | ébahir | méthode | théâtre |
| arrhes | écho | mihrab | thème |
| athée | enthousiasme | misanthrope | théorème |
| athlète | envahir | mythe | théorie |
| authentique | éther | orthographe | thermes |
| bahut | ethmoïde | panthéon | thèse |
| bibliothèque | exhalaison | panthère | thon |
| bohémien | exhiber | piranha | thuya |
| bonheur | exhorter | plinthe | thym |
| bonhomie | exhumer | préhension | trahir |
| bonhomme | géhenne | prohibition | trahison |
| brahmane | hypothèse | prohiber | véhément |
| brouhaha | incohérent | python | véhicule |

Le M caduc ou muet intercalé précède toujours la consonne N.

| | | | |
|---|---|---|---|
| automne | condamnatoire | condamner | damné |
| condamnateur | condamné | damnable | damner |

Le P caduc ou muet intercalé précède toujours la consonne S ou T.

| | | | |
|---|---|---|---|
| acompte | comptine | garde-corps | sculptage |
| baptême | corps | haut-le-corps | sculpter |
| baptismal | décompte | indomptable | sculptural |
| baptistaire | domptage | indompté | sculpture |
| comptable | dompter | mécompte | sept |
| comptant | dompteur | monocorps | septième |
| compte | escompter | prompt | septièmement |
| compter | exempt | promptement | temps |
| compteur | exemption | promptitude | volucompteur |

# À L'ENTRAÎNEMENT

◖◗ ÉCHELON 1 ••• **LE FACTEUR DYSORTHOGRAPHIQUE**

**Réécrivez correctement chacun des mots suivants dans l'enveloppe correspondante à la lettre muette ou caduque manquante.**

algoritme • amétyste • antiadésif • antracite • antropologue
• aromatérapie • absisse • anticors • corroirie • escomte • estétisme
• éternument • exaler • gotique • indomtable • isoterme • labyrinte • litium
• maraton • obsène • pitiviers • postume • protèse • sculteur • sénographe
• sission • etnologue • phonotèque

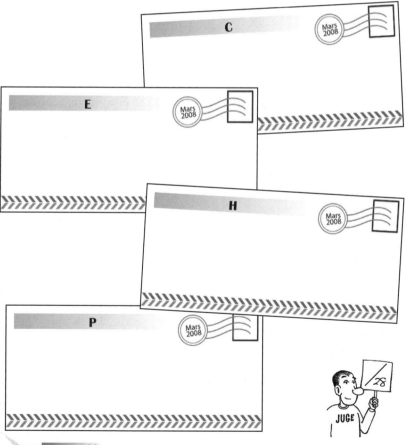

◖-◗ ÉCHELON 2 ••• **L'INTERCALAIRE**

## Insérez la lettre muette manquante lorsqu'il y a lieu.

a) Le bouddhisme et l'hindouisme sont des religions
A S É T I Q U E S.

b) Pour le B L A N C H I M E N T des tissus, un javellisant
est recommandé.

c) Des douleurs T O R A C I Q U E S lancinantes l'accablaient.

d) La V O I R I E municipale embauche des étudiants pendant l'été.

e) Napoléon fut E X I L É sur l'île Sainte-Hélène après sa défaite
de Waterloo.

f) Le T O U R N O I M E N T des vautours indique la présence
d'un cadavre.

g) L'ablation des A M Y D A L E S est une intervention bénigne.

h) Tu portes une gerbe de C H R Y S A N T È M E S à
ta fiancée.

i) L'ingestion de ce poison peut provoquer de violentes
D I A R R É E S.

j) Le musicien improvisa une R A P S O D I E électrisante.

k) Le juge et le jury écoutèrent la P L A I D O I R I E de l'avocat
de la défense.

l) Le M É T A N E produit par les déjections des bovins se libère
dans l'atmosphère.

m) Une végétation E X U B É R A N T E recouvrait jadis cet
archipel.

n) Les anciens embaumaient leurs défunts avec des aromates
de M Y R R E.

o) Le facteur R É S U S du sang humain peut être positif ou négatif.

p) Il sut qu'elle était toujours vivante en voyant le
R E M U M E N T de ses paupières.

q) Mario participera à la prochaine compétition
d' A T L É T I S M E.

r) Ma grand-mère souffre d' A R T R I T E inflammatoire
aux phalanges.

s) Le seigneur s'enrichissait au D É T R I M E N T de
ses censitaires.

t) Les gestes qu'il avait commis demeuraient néanmoins
C O N D A N A B L E S.

## ❋ ÉCHELON 3 ••• **LE CORRECTEUR D'ÉPREUVES**

**Dans les phrases suivantes, soulignez le mot mal orthographié, puis réécrivez-le correctement. Si la phrase ne contient aucune erreur, inscrivez l'adjectif O.K.**

a) Le ministère accordera un agréement de
cinq ans à cet établissement.     _____

b) Une vaccination contre l'anthrax sera
pratiquée auprès de la population.     _____

c) Les feux d'artifice marquèrent l'apothéose
des célébrations.     _____

d) Le suspect fut appréhendé puis amené au
commissariat de police.     _____

e) L'enseignant écrivit au tableau des problèmes
d'aritméthique.     _____

f) L'ascendance royale de cet homme lui permit
d'accéder à la noblesse.     _____

g) Le vendeur d'aspirateurs déclama son
boniement habituel.     _____

h) Quel châtiment l'armée réserve-t-elle aux
déserteurs ?     _____

i) Faust fut-il damné après avoir vendu son
âme au diable ?     _____

j) Le Russe était en tête des épreuves
du dhécatlon.     _____

k) La troupe d'élithe se dispersa autour de la crête de Vimy.

_____

l) Le mécréant méritait bien cette épitète infamante.

_____

m) L'étaiement de cette théorie permettra de prouver l'existence d'extraterrestres.

_____

n) Ce moteur de recherche permet d'accéder à un répertoire exaustif de sites.

_____

o) Après avoir été sauvée par le chevalier, la princesse exhultait de bonheur.

_____

p) L'animateur de la soirée tomba dans une logorrhée ennuyante.

_____

q) Le reniment de son hérésie l'empêcha de périr au bûcher.

_____

r) Lazare, frère de Marie et de Marthe, fut ressussité des morts par Jésus.

_____

s) Le rougeoiment du tuyau de la cheminée inquiéta les occupants.

_____

t) L'avare avait tésaurhisé plusieurs milliers de dollars dans ses bas de laine.

_____

# CORRIGÉ
## DE L'ÉPREUVE DE QUALIFICATION

## LES LETTRES CADUQUES OU MUETTES INTERCALÉES

1. sc**é**lérat
2. sc**e**pticisme
3. gai**e**té
4. pépi**e**ment
5. doi**g**té
6. recrudes**c**ence
7. ralli**e**ment
8. da**h**lias
9. r**h**ubarbe
10. pai**e**ment
11. pat**h**étique
12. com**p**toirs
13. sc**i**ndée
14. conda**m**nation
15. as**c**enseur
16. gré**e**ment
17. ba**p**tisé
18. ornit**h**orynque
19. prom**p**t
20. sil**h**ouette
21. san**g**sues
22. r**h**umatisme
23. exem**p**tés
24. concupis**c**ence
25. t**h**éier

# CORRIGÉ
## DES EXERCICES D'ENTRAÎNEMENT

## LES LETTRES CADUQUES OU MUETTES INTERCALÉES

**É C H E L O N   1  •••  LE FACTEUR DYSORTHOGRAPHIQUE**

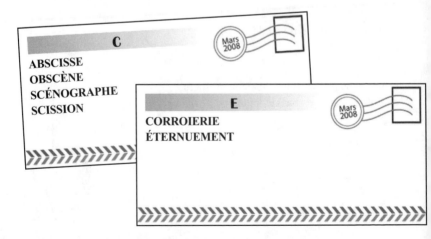

**C** — Mars 2008

ABSCISSE
OBSCÈNE
SCÉNOGRAPHE
SCISSION

**E** — Mars 2008

CORROIERIE
ÉTERNUEMENT

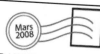

| H | | |
|---|---|---|
| ALGORITHME | ETHNOLOGUE | |
| AMÉTHYSTE | EXHALER | |
| ANTHRACITE | GOTHIQUE | MARATHON |
| ANTHROPOLOGUE | ISOTHERME | PITHIVIERS |
| ANTIADHÉSIF | LABYRINTHE | POSTHUME |
| AROMATHÉRAPIE | LITHIUM | PROTHÈSE |
| ESTHÉTISME | | PHONOTHÈQUE |

Mars 2008

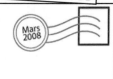

| P | | |
|---|---|---|
| ANTICORPS | | |
| ESCOMPTE | | |
| INDOMPTABLE | | |
| SCULPTEUR | | |

Mars 2008

## ÉCHELON 2 ••• L'INTERCALAIRE

a) AS**C**ÉTIQUES

b) BLANCHIMENT

c) T**H**ORACIQUES

d) VOIRIE

e) EXILÉ

f) TOURNOI**E**MENT

g) AMY**G**DALES

h) CHRYSANT**H**ÈMES

i) DIARR**H**ÉES

j) R**H**APSODIE

k) PLAIDOIRIE

l) MÉT**H**ANE

m) EXUBÉRANTE

n) MYRR**H**E

o) R**H**ÉSUS

p) REMU**E**MENT

q) AT**H**LÉTISME

r) ART**H**RITE

s) DÉTRIMENT

t) CONDA**M**NABLES

ÉCHELON 3 ••• **LE CORRECTEUR D'ÉPREUVES**

a) Le ministère accordera un <u>agréement</u> de cinq ans à cet établissement.

**agrément**

b) Une vaccination contre l'anthrax sera pratiquée auprès de la population.

**O.K.**

c) Les feux d'artifice marquèrent l'apothéose des célébrations.

**O.K.**

d) Le suspect fut appréhendé puis amené au commissariat de police.

**O.K.**

e) L'enseignant écrivit au tableau des problèmes d'<u>aritméthique</u>.

**arithmétique**

f) L'ascendance royale de cet homme lui permit d'accéder à la noblesse.

**O.K.**

g) Le vendeur d'aspirateurs déclama son <u>boniement</u> habituel.

**boniment**

h) Quel châtiment l'armée réserve-t-elle aux déserteurs?

**O.K.**

i) Faust fut-il damné après avoir vendu son âme au diable?

**O.K.**

j) Le Russe était en tête des épreuves du <u>dhécatlon</u>.

**décathlon**

k) La troupe d'<u>élithe</u> se dispersa autour de la crête de Vimy.

**élite**

l) Le mécréant méritait bien cette <u>épitète</u> infamante.

**épithète**

m) L'étaiement de cette théorie permettra de prouver l'existence d'extraterrestres.

**O.K.**

n) Ce moteur de recherche permet d'accéder à un répertoire <u>exaustif</u> de sites.

**exhaustif**

o) Après avoir été sauvée par le chevalier, la princesse <u>exhultait</u> de bonheur.

**exultait**

p) L'animateur de la soirée tomba dans une logorrhée ennuyante.

**O.K.**

q) Le <u>reniment</u> de son hérésie l'empêcha de périr au bûcher.

**reniement**

r) Lazare, frère de Marie et de Marthe, fut <u>ressussité</u> des morts par Jésus.

**ressuscité**

s) Le <u>rougeoiment</u> du tuyau de la cheminée inquiéta les occupants.

**rougeoiement**

t) L'avare avait <u>tésaurhisé</u> plusieurs milliers de dollars dans ses bas de laine.

**thésaurisé**

# LES NOMBRES EN LETTRES ET LES NOMBRES EN CHIFFRES

## ÉPREUVE DE QUALIFICATION

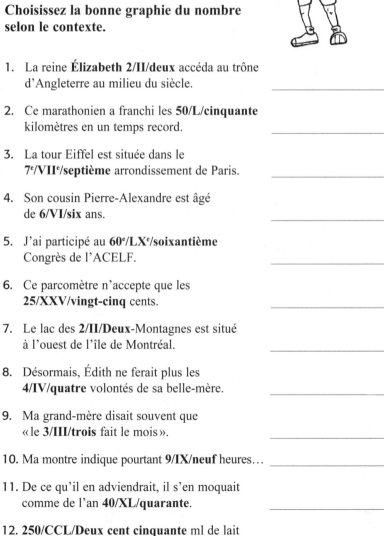

**Choisissez la bonne graphie du nombre selon le contexte.**

1. La reine **Élizabeth 2/II/deux** accéda au trône d'Angleterre au milieu du siècle.

   _____

2. Ce marathonien a franchi les **50/L/cinquante** kilomètres en un temps record.

   _____

3. La tour Eiffel est située dans le **7ᵉ/VIIᵉ/septième** arrondissement de Paris.

   _____

4. Son cousin Pierre-Alexandre est âgé de **6/VI/six** ans.

   _____

5. J'ai participé au **60ᵉ/LXᵉ/soixantième** Congrès de l'ACELF.

   _____

6. Ce parcomètre n'accepte que les **25/XXV/vingt-cinq** cents.

   _____

7. Le lac des **2/II/Deux**-Montagnes est situé à l'ouest de l'île de Montréal.

   _____

8. Désormais, Édith ne ferait plus les **4/IV/quatre** volontés de sa belle-mère.

   _____

9. Ma grand-mère disait souvent que « le **3/III/trois** fait le mois ».

   _____

10. Ma montre indique pourtant **9/IX/neuf** heures…    _____

11. De ce qu'il en adviendrait, il s'en moquait comme de l'an **40/XL/quarante**.

    _____

12. **250/CCL/Deux cent cinquante** ml de lait équivaut à une tasse pleine.

    _____

13. Le roi Khafrê de la **4ᵉ/IVᵉ/quatrième** dynastie se fit construire une pyramide.

14. Veuillez vous référer à la page **41/XLI/quarante et un** de votre manuel.

15. L'Italie compte environ **58/LVIII/cinquante-huit** millions d'habitants.

16. Les Jeux de la **22ᵉ/XXIIᵉ/vingt-deuxième** Olympiade eurent lieu à Moscou.

17. Ces beignets de la veille sont vendus **13/XIII/treize** à la douzaine.

18. La vache possède en réalité **4/IV/quatre** estomacs.

19. Le **1/4/quart** de la population vit sous le seuil de la pauvreté.

20. Les **33/XXXIII/trente-trois** tours s'égratignaient facilement.

21. Le tome **7/VII/sept** devrait paraître dans les prochains mois.

22. Tu dois être âgé d'au moins **18/XVII/dix-huit** ans pour voter.

23. **35/XXXV/Trente-cinq** kilogrammes, ça fait beaucoup de poids à perdre !

24. On nous annonçait l'apocalypse pour le début du **3ᵉ/IIIᵉ/troisième** millénaire.

25. **20/XX/Vingt** fois sur le métier, remettez votre ouvrage.

JUGE

## Chez l'entraîneur

**Des chiffres et des lettres: que de confusion! Alors, comment s'y retrouver? Les chiffres arabes, ceux que nous utilisons couramment, ont été transmis aux Européens vers l'an 1000. Les chiffres romains, dans leur forme moderne, datent de l'an 100 avant Jésus-Christ. Ils utilisent les symboles I (1), V (5), X (10), L (50), C (100), D (500) et M (1000). Certaines règles typographiques s'imposent quant au choix des chiffres ou des lettres pour l'écriture des nombres dans les activités de tous les jours. Voici quelques normes à respecter:**

Les nombres inférieurs à 10 s'écrivent généralement en lettres.

> Ex.: *L'araignée possède **huit** pattes.*
>
> *Ce joueur a marqué **deux** points.*

Les nombres supérieurs à 9 s'écrivent généralement en chiffres, sauf dans les textes juridiques ou légaux.

> Ex.: *Il a obtenu son permis de conduire à **16** ans.*
>
> *Ce terrain a une superficie de **360** $m^2$.*

Dans une même phrase, si l'on trouve un nombre inférieur à 10 et un nombre supérieur à 9, on écrit ces deux nombres en chiffres.

> Ex.: *As-tu une pièce de **25**¢ et une autre de **5**¢?*
>
> *Combien donne **36** divisé par **4**?*

Les nombres qui font partie d'expressions figées ou de proverbes s'écrivent en lettres.

> Ex.: *Recevoir quelqu'un **cinq** sur **cinq**.*
>
> *Faire les **quatre cents** coups.*

Les nombres utilisés comme des noms s'écrivent en lettres.

> Ex.: *Dans son jeu, il a un **neuf** de pique.*
>
> *Dans ma poche, j'ai un **cinquante** dollars.*

Les nombres faisant partie de noms composés s'écrivent en lettres.

  Ex. : *Laviolette fonda la ville de **Trois**-Rivières.*

    *Nous visiterons la région des **Mille**-Îles.*

---

Les nombres commençant une phrase s'écrivent en lettres, sauf lorsqu'ils sont accompagnés d'un symbole et qu'ils sont utilisés dans le cadre d'un ouvrage scientifique ou d'une énumération.

  Ex. : ***Vingt-quatre** degrés centigrades, c'est la température idéale !*

    ***37** °C, c'est la température normale du corps humain.*

---

Les sommes en millions et en milliards s'écrivent en lettres seulement lorsqu'elles ne sont pas accompagnées d'un symbole monétaire.

  Ex. : *Le gouvernement leur a accordé une aide de*
    ***quinze millions** de dollars.*

    *Le gouvernement leur a accordé une aide de **15 000 000** $.*

---

Les nombres faisant partie de l'expression abrégée d'une décennie s'écrivent en lettres.

  Ex. : *Le féminisme connut son apogée dans les années **soixante-dix**.*

    *Les années **vingt** ont été surnommées les années folles.*

---

Les nombres désignant une durée s'écrivent en lettres lorsqu'ils ne sont pas accompagnés de symboles.

  Ex. : *Ça lui a pris **treize** heures et demie pour installer*
    *la céramique.*

    *Les autorités lui ont accordé un sursis de **vingt-quatre** heures.*

---

Les fractions ordinaires s'écrivent en lettres.

  Ex. : *Sophie a mangé les **deux tiers** du gâteau.*

    *Étienne a terminé les **trois quarts** de son travail.*

---

Les nombres désignant une quantité s'écrivent en tranches de trois chiffres, de la droite vers la gauche, chaque tranche étant séparée par une espace fine ou insécable ; pour les nombres de 1000 à 9999, cette espace n'est pas obligatoire.

  Ex. : *Le gros lot de la semaine tourne autour de **3 500 000** $.*

    *Versez **2540** ml (ou **2 540** ml) d'eau dans un seau.*

Les nombres exprimant une année, un degré, un ordre, une page, un matricule, un numéro de téléphone, un code postal, un classement ou une statistique s'écrivent en chiffres arabes, mais il ne sont pas séparés par une espace fine ou sécable et demeurent ainsi soudés.

Ex.: *Ma sœur cadette est née en **1975**.*

*Le code postal de mon correspondant français **41600**.*

Dans les nombres comportant une décimale, les chiffres exprimant les fractions sont séparés par une virgule; les chiffres qui suivent la virgule se séparent par tranches de trois chiffres de la gauche vers la droite.

Ex.: *Le symbole $\pi$ est égal à environ **3,141 592**.*

*Le prix de l'essence est grimpé à **1,327** $ le litre.*

Les symboles d'unité de mesure suivent toujours le nombre et nécessitent une espace fine ou insécable.

Ex.: *La température pour demain sera de **26 °C**.*

*Le prix du billet d'avion est de **965 £**.*

Les heures écrites en chiffres arabes nécessitent une espace fine avant et après le symbole (h).

Ex.: *Je me suis levé à **7 h 15** ce matin.*

*Tu as un rendez-vous avec ton médecin à **20 h**.*

Les nombres négatifs sont précédés du symbole du moins (-) sans espace.

Ex.: *Les températures oscillaient autour de **-33** °C.*

*Au Monopoly, j'ai terminé la partie avec **-500** $.*

La date s'écrit généralement dans l'ordre suivant: le déterminant, le jour de la semaine, le chiffre désignant le jour, le mois et le chiffre désignant l'année.

Ex.: *Le président Kennedy fut assassiné*
*__le vendredi 22 novembre 1963__ à Dallas.*

*Le mur de Berlin fut démantelé __le jeudi 9 novembre 1989__.*

Les numéros d'actes et de scènes dans les représentations théâtrales ainsi que les divisions d'un livre dans le domaine de l'édition s'écrivent en chiffres romains.

> Ex. : *Le héros meurt à l'acte **II**, scène **III**.*
>
> *Dans le chapitre **IX**, l'auteur a recours au retour en arrière.*

Les numéros des rassemblements et des manifestations artistiques, culturelles et sportives s'écrivent en chiffres romains.

> Ex. : *Qui a remporté le prix du meilleur roman au **VII**ᵉ Salon du livre de Montréal ?*
>
> *Ce village estrien tient sa **XIX**ᵉ Exposition agricole au centre récréatif.*

Les dynasties, les siècles et les millénaires s'écrivent en chiffres romains.

> Ex. : *Des archéologues ont mis la main sur des artefacts de la **XII**ᵉ dynastie.*
>
> *Le Roi Soleil a vécu au **XVII**ᵉ siècle.*

Les numéros des conciles et les régimes politiques s'écrivent en chiffres romains.

> Ex. : *Plusieurs changements sont survenus lors du **XXII**ᵉ Concile œcuménique.*
>
> *Sous Hitler, le **III**ᵉ Reich dura de 1933 à 1945.*

Les numéros d'ordre des souverains s'écrivent en chiffres romains.

> Ex. : *Le règne du pape Jean **XXIII** s'acheva en 1963.*
>
> *Louis **XIV** fut surnommé le Roi Soleil.*

Les arrondissements, les armées et les régions militaires s'écrivent en chiffres romains.

> Ex. : *Le Marais se trouve dans les **III**ᵉ et **IV**ᵉ arrondissements de Paris.*
>
> *Le commandant de la **V**ᵉ armée française était le général Lanzerac.*

# À L'ENTRAÎNEMENT

**⊶⊷ ÉCHELON 1 ••• LA MAIN LEVÉE**

## Noircissez la main des élèves qui ont la bonne réponse ou corrigez les erreurs.

🖐 La vitesse de la lumière est de 299 792 458 m/s.

🖐 Le XII$^e$ chapitre de ce roman m'a laissé sur ma faim.

🖐 Le magasin fermera ses portes exceptionnellement à 21 h 30.

🖐 Sabine a gardé son look des années quatre-vingt-dix.

🖐 Un pentagone possède 5 côtés.

🖐 Marco s'est inscrit au 46$^e$ Colloque des Sciences.

🖐 Le solde de son compte bancaire indique – 839 $.

🖐 La transaction s'élèvera à plus de 23 milliards de bolivars.

🖐 La somme de 6 € équivaut à environ 4,719938496 £.

🖐 Ce vase chinois date du IV$^e$ Empire.

🖐 Neil Armstrong posa le pied sur la Lune lundi le 21 juillet 1969.

🖐 Knud III régna sur le royaume du Danemark de 1080 à 1086.

🖐 As-tu lu *Le tour du monde en quatre-vingts jours* de Jules Verne ?

🖐 L'auto-patrouille effectua un virage à cent quatre-vingts degrés.

🖐 Le numéro du billet gagnant est le huit deux quatre neuf sept.

**◀▶ ÉCHELON 2 ••• LE POUCE IMPÉRIAL**

## Dans chaque phrase, confirmez par OUI ou infirmez par NON la décision de l'empereur sur la graphie du nombre.

a) Le chemin des Quatre-Bourgeois se trouve à Québec. 👍 _____

b) La IXᵉ symphonie de Beethoven est un véritable chef-d'œuvre. 👎 _____

c) Il s'est mis sur son 31 pour épater sa dernière conquête. 👎 _____

d) Nelson Mandela est né le 1918-07-18. 👍 _____

e) On doit monter 5 marches pour se rendre du salon à la salle à manger. 👎 _____

f) La température du four devrait atteindre trois cent cinquante ° F. 👍 _____

g) Le neuvième régiment des hussards tenait garnison à Sourdun. 👎 _____

h) Les membres de cette équipe sont comme les cinq doigts de la main. 👎 _____

i) Le député remporta l'élection avec la 1/2 des votes. 👍 _____

j) La station spatiale s'autodétruira dans 28 minutes. 👍 _____

k) L'Amérique fut découverte par Colomb à la fin du 15ᵉ siècle. 👍 _____

l) Le volume de cet entrepôt est de 487,8 m³. 👎 _____

m) Pour me consoler, il m'a dit : « Une de perdue, 10 de retrouvées. » 👎 _____

n) Mon ami Hugo me doit toujours $ 236,57. 👍 _____

o) Tu dois multiplier quarante-neuf par 3 pour obtenir le résultat. 👎 _____

CORRIGÉ À LA PAGE 31

## ÉCHELON 3 ··· LE CORRECTEUR D'ÉPREUVES

**Dans les phrases suivantes, soulignez les nombres dont la graphie enfreint les règles, puis réécrivez-les correctement. Si la phrase ne contient aucune erreur, inscrivez l'adjectif O.K.**

a) Le XXIXᵉ Sommet de la francophonie aura lieu en septembre. _____

b) Maman a préparé son fameux gâteau 4-quarts. _____

c) Après s'être cogné la tête, le maladroit vit 36 chandelles. _____

d) Le 14ᵉ bataillon captura le commandant des rebelles. _____

e) En cas d'urgence, veuillez composer le neuf-un-un. _____

f) Les pyramides de Gizeh font-elles partie des 7 merveilles du monde ? _____

g) La IVᵉ République fut adoptée après la 2ᵉ Guerre mondiale. _____

h) Le conte *Ali-Baba et les quarante voleurs* fait partie des 1000 et une nuits. _____

i) Son article fut publié dans le volume dix-huit de cette revue. _____

j) Nous t'accordons un délai de dix-sept minutes pour t'acquitter de ta dette. _____

k) Ce kimono en soie brodée m'a coûté 54 080 ¥. _____

l) Cette voiture entièrement équipée se vend 29 mille dollars. _____

m) Le facteur livra des colis au 8 et au 36 de la rue des Oliviers. _____

n) Cesse de chercher 12 h à 14 h : il n'y a aucune explication valable ! _____

o) Les Mayas ont prédit la fin du monde pour MMXII. _____

# CORRIGÉ
DE L'ÉPREUVE DE QUALIFICATION

## LES NOMBRES EN LETTRES ET LES NOMBRES EN CHIFFRES

1. II
2. 50
3. VII<sup>e</sup>
4. six
5. LX<sup>e</sup>
6. vingt-cinq
7. Deux
8. quatre
9. trois

10. neuf
11. quarante
12. Deux cent cinquante
13. IV<sup>e</sup>
14. 41
15. cinquante-huit
16. XXII<sup>e</sup>
17. treize
18. quatre

19. quart
20. trente-trois
21. VII
22. 18
23. Trente-cinq
24. III<sup>e</sup>
25. Vingt

# CORRIGÉ
DES EXERCICES D'ENTRAÎNEMENT

## LES NOMBRES EN LETTRES ET LES NOMBRES EN CHIFFRES

### ÉCHELON 1 ••• LA MAIN LEVÉE

 La vitesse de la lumière est de 299 792 458 m/s.

 Le ~~XII<sup>e</sup>~~ chapitre de ce roman m'a laissé sur ma faim. (douzième)

 Le magasin fermera ses portes exceptionnellement à 21 h 30.

 Sabine a gardé son look des années quatre-vingt-dix.

 Un pentagone possède ~~5~~ côtés. (cinq)

👋 Marco s'est inscrit au 4̶6̶ᵉ Colloque des Sciences. (XLVIᵉ)

👋 Le solde de son code bancaire indique ─̶8̶3̶9̶$. (-839)

👋 La transaction s'élèvera à plus de 2̶3̶ milliards de bolivars. (vingt-trois)

👋 La somme de 6 € équivaut à environ 4̶,̶7̶1̶9̶9̶3̶8̶4̶9̶6̶ £. (4,719 938 496)

✋ Ce vase chinois date du IVᵉ Empire.

👋 Neil Armstrong posa le pied sur la Lune l̶u̶n̶d̶i̶ ̶l̶e̶ ̶2̶1̶ ̶j̶u̶i̶l̶l̶e̶t̶ ̶1̶9̶6̶9̶. (le lundi 21 juillet 1969)

✋ Knud III régna sur le royaume du Danemark de 1080 à 1086.

✋ As-tu lu *Le tour du monde en quatre-vingts jours* de Jules Verne ?

👋 L'auto-patrouille effectua un virage à c̶e̶n̶t̶ ̶q̶u̶a̶t̶r̶e̶-̶v̶i̶n̶g̶t̶s̶ degrés. (180)

👋 Le numéro du billet gagnant est le h̶u̶i̶t̶ ̶d̶e̶u̶x̶ ̶q̶u̶a̶t̶r̶e̶ ̶n̶e̶u̶f̶ ̶s̶e̶p̶t̶. (82497)

ÉCHELON 2 ••• **LE POUCE IMPÉRIAL**

| | | |
|---|---|---|
| a) oui | f) non | k) non |
| b) non | g) oui | l) non |
| c) oui | h) non | m) oui |
| d) non | i) non | n) non |
| e) oui | j) non | o) oui |

ÉCHELON 3 ••• **LE CORRECTEUR D'ÉPREUVES**

a) Le XXIXᵉ Sommet de la francophonie aura lieu en septembre.     **O.K.**

b) Maman a préparé son fameux gâteau 4̲-̲q̲u̲a̲r̲t̲s̲.     **quatre-quarts**

c) Après s'être cogné la tête, le maladroit vit
   <u>36 chandelles</u>.     **trente-six**

d) Le <u>14<sup>e</sup></u> bataillon captura le commandant des rebelles.     **XIV<sup>e</sup>**

e) En cas d'urgence, veuillez composer le <u>neuf-un-un</u>.     **911**

f) Les pyramides de Gizeh font-elle partie des
   <u>7</u> merveilles du monde ?     **sept**

g) La IV<sup>e</sup> République fut adoptée après
   la <u>2<sup>e</sup></u> Guerre mondiale.     **Seconde**

h) Le conte *Ali-Baba et les quarante voleurs* fait
   partie des <u>1000</u> et une nuits.     **Mille**

i) Son article fut publié dans le volume <u>dix-huit</u> de
   cette revue.     **XVIII**

j) Nous t'accordons un délai de dix-sept minutes pour
   t'acquitter de ta dette.     **O.K.**

k) Ce kimono en soie brodée m'a coûté 54 080 ¥.     **O.K.**

l) Cette voiture entièrement équipée se vend
   <u>29 mille</u> dollars.     **29 000**

m) Le facteur livra des colis au 8 et au 36 de la rue
   des Oliviers.     **O.K.**

n) Cesse de chercher <u>12 h à 14 h</u> : il n'y a aucune
   explication valable !     **midi à quatorze heures**

o) Les Mayas ont prédit la fin du monde pour <u>MMXII</u>.     **2012**

# LE PLURIEL DES NOMS ÉPITHÈTES

## ÉPREUVE DE QUALIFICATION

**Écrivez correctement les noms épithètes ou compléments juxtaposés qui sont soulignés.**

1. Ses auteurs **fétiche** sont tous d'origine américaine. _____

2. Les voitures **sport** n'impressionnent plus les filles... _____

3. L'apocalypse vous fait imaginer des scénarios **catastrophe**. _____

4. Les compagnies bouclent leurs budgets avec des déficits **zéro**. _____

5. Pour garder la forme, Gisèle s'impose des régimes **minceur**. _____

6. D'étranges points lumineux apparurent sur les écrans **radar**. _____

7. La farine et la poudre à pâte sont les ingrédients **clé** de cette recette. _____

8. Grand-maman prépare ses fameuses confitures **maison**. _____

9. Les scientifiques étudieront les cellules **souche**. _____

10. Les rôles **pivot** seront attribués en temps et lieu. _____

11. Louis et Jacinthe sont des âmes **sœur**. _____

12. Nous conservons nos photos dans des albums **souvenir**. _____

**13.** *Star Trek* et *La Femme bionique* devinrent
des séries **culte**.                                    _____

**14.** Ce vendeur effectue des voyages **éclair** de par
le vaste monde.                                          _____

**15.** Les animateurs **télé** portent souvent la cravate.   _____

**16.** Les papiers **carbone** servent à transférer des images.   _____

**17.** Des prix **plafond** pourraient être établis pour
la vente d'essence.                                      _____

**18.** Des effets **miroir** étaient ainsi créés par les glaces
et la banquise.                                          _____

**19.** Les bébés **éprouvette**, ce n'est plus de
la science-fiction!                                      _____

**20.** Qui sont les mannequins **vedette** de votre agence?   _____

**21.** Les étudiants remettent leurs travaux aux
dates **butoir**.                                         _____

**22.** Les émissions **réalité** deviennent un véritable fléau.   _____

**23.** Les colles **contact** sont très efficaces dans le
domaine de la menuiserie.                                _____

**24.** Leurs avocats ont rédigé une panoplie de
contrats **type**.                                        _____

**25.** Les maisons d'édition publient des littératures
**jeunesse**.                                             _____

CORRIGÉ À LA PAGE 40

## Chez l'entraîneur

**Le nom épithète, aussi appelé apposition, complément du nom juxtaposé ou nom adjectivé, s'ajoute directement à un autre nom, auquel ils peuvent être unis par un trait d'union selon le cas.**

Plusieurs noms épithètes prennent la marque du pluriel lorsqu'ils sont apposés à un nom au pluriel : *antivirus, bateau, bois, cabriolet, carbone, catastrophe, charnière, château, cible, clé, concept, contrôle, culte, diacre, électricien, étoile, fantôme, fétiche, filtre, homme, journal, lanterne, limite, melon, mémoire, mère, mérinos, miracle, noyau, outil, phare, piège, pilote, pisteur, pivot, placebo, plafond, plancher, ponce, poussoir, problème, pronostic, prototype, racine, radar, repère, ricochet, roi, sapeur, souche, sœur, soldat, source, souvenir, symbole, type, vedette, victime,* etc.

> Ex. : *Les chasseurs de spectres courent les villages **fantômes**.*
>
> *Ce charlatan tentait de vendre ses produits **miracles**.*

Certains noms épithètes restent invariables même lorsqu'ils sont apposés à un nom au pluriel : *boomerang, butoir, calque, cerise, chiffon, chrono, citron, communication, couleur, crème, domino, éclair, éprouvette, fusion, horizon, iceberg, jeunesse, maison, miel, minceur, minute, miroir, monnaie, mouchoir, neige, nuit, papillon, plasma, poche, privilège, qualité, réalité, recherche, réseau, santé, sport, télé, tunnel, vérité, week-end, zéro,* etc.

> Ex. : *Les téléviseurs **couleur** sont apparus dans les années 1950.*
>
> *Julie fait toujours des **choix santé** en ce qui concerne son alimentation.*

Quelques noms épithètes prennent facultativement la marque du pluriel lorsqu'ils sont apposés à un nom au pluriel : *client, contact, son,* etc.

> Ex. : *De nombreuses approches **client** font partie des outils du marketing.*
>
> *La secrétaire devra vérifier l'état des comptes **clients**.*

Quelques noms épithètes prennent toujours la marque du pluriel, et ce, même lorsqu'ils sont apposés à des noms au singulier : *affaires, vacances,* etc.

> Ex. : *Des forfaits **vacances** sont aussi en vente.*
>
> *Quelle est ta destination **vacances** préférée ?*

## À L'ENTRAÎNEMENT

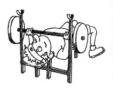

◀●▶ ÉCHELON 1 ••• **LE POUCE IMPÉRIAL**

**Dans chaque phrase, confirmez par OUI ou infirmez par NON la décision de l'empereur quant à la justesse de l'accord du nom épithète.**

a) Cet informaticien récupère les cartes réseau des ordinateurs. 👍    _____

b) Les cuisines fusion sont très à la mode dans les restos branchés. 👎    _____

c) Les entreprises implantèrent des systèmes qualités. 👍    _____

d) Le gouvernement réduit les salaires plancher des travailleurs. 👎    _____

e) Les danseuses étoile préparent un spectacle à Las Vegas. 👍    _____

f) Les philosophes rois appartiennent à une autre époque. 👍    _____

g) Les effets placebo en disent long sur la psychologie humaine. 👎    _____

h) Des coupés cabriolets arpentaient les rues de la ville cet été. 👎    _____

i) Cette chanteuse internationale prépare des albums concept. 👍    _____

j) Les élèves résolvent des situations problème en mathématiques. 👎    _____

k) Le ministère de l'Éducation met en place des
   programmes pilotes.

l) En marketing, il faut cerner les clientèles cible.

m) Les bras et les jambes amputés deviennent des membres
   fantômes.

n) Les petites entreprises dépendent des sociétés mère.

o) Les vitesses limite sur cette route frôlent les 80 km/h.

p) Plusieurs périodes charnières marquent l'histoire.

q) Des prix citrons leur ont été décernés cette année.

r) Je ne sais plus comment faire des nœuds papillon.

s) Les maîtres électricien ont causé des courts-circuits.

t) Lors d'expériences, tu dois mettre en place des
   groupes contrôles.

◑ ÉCHELON 2 ••• **LA TAUPE**

## Rayez dans chaque groupe d'expressions celle qui est une erreur.

a) des écrans plasma – des effets tunnels – des cinémas vérité –
   des événements phares

b) des ossatures bois – des textes sources – des classes affaires –
   des officiers sapeur

c) des groupes repère – des engins prototypes – des équipes symbole –
   des cartes privilège

d) des effets boomerang – des cafés filtre – des papiers journaux –
   des tours lanternes

e) des facteurs pronostics – des télés réalités – des orientations clients –
   des cas problèmes

f) des heures chronos – des engagements qualité – des questions pièges –
   des comités parapluies

g) des syndicats maison – des moines soldats – des peuples victime –
   des moutons mérinos

h) des pierres ponces – des melons miel – des cahiers week-end –
   des méthodes miracle

i) des langues cibles – des films catastrophes – des cartes mémoire –
   des logiciels antivirus

j) des fonctions recherche – des budgets communication – des guerres
   éclairs – des objets cultes

k) des angles limites – des cafés crèmes – des styles papillon –
   des signaux radars

l) des chapeaux melons – des tomates cerises – des épisodes pilotes –
   des papiers calque

m) des noms noyaux – des bandes son – des effets ricochet –
   des papiers monnaie

n) des vestes sports – des filles mères – des années zéro – des danses contact

o) des phrases clés – des projets pilotes – des émissions phares –
   des effets dominos

CORRIGÉ À LA PAGE 41

## 🏋 ÉCHELON 3 ••• LE CORRECTEUR D'ÉPREUVES

**Dans les phrases suivantes, soulignez les noms épithètes mal accordés, puis réécrivez-les correctement. Si la phrase ne contient aucune erreur, inscrivez l'adjectif O.K.**

a) Ce dispositif ingénieux permet des accès réseaux. _____

b) La clinique fera appel à des intervenants pivots. _____

c) Ces couteaux sont fabriqués avec des aciers carbones. _____

d) Estelle utilise des papiers chiffons pour réaliser ses aquarelles. _____

e) Chaque après-midi, Madeleine regarde les magazines télé. _____

f) Cet album contient de splendides illustrations couleurs. _____

g) Ce savant applique des formules type dans ses équations. _____

h) Votre pharmacien peut vous donner des conseils santé. _____

i) Des cardinaux diacre se sont réunis dans cette chapelle. _____

j) Le kaléidoscope crée des images miroirs hallucinantes. _____

k) Les laitues iceberg se révèlent plus croquantes. _____

l) Ta voiture roulera cet hiver avec des pneus neiges. _____

m) Cette librairie ne vend que des formats poche. _____

n) Des groupes cibles feront partie de cette étude. _____

o) Les décolletés bateaux n'avantagent pas notre Germaine. _____

CORRIGÉ À LA PAGE 41

# CORRIGÉ DE L'ÉPREUVE DE QUALIFICATION

## LE PLURIEL DES NOMS ÉPITHÈTES

1. fétiche**s**
2. sport
3. catastrophe**s**
4. zéro
5. minceur
6. radar**s**
7. clé**s**
8. maison
9. souche**s**
10. pivot**s**
11. sœur**s**
12. souvenir**s**
13. culte**s**
14. éclair
15. télé
16. carbone**s**
17. plafond**s**
18. miroir
19. éprouvette
20. vedette**s**
21. butoir
22. réalité
23. contact/contact**s**
24. type**s**
25. jeunesse

# CORRIGÉ DES EXERCICES D'ENTRAÎNEMENT

## LE PLURIEL DES NOMS ÉPITHÈTES

◖◗ ÉCHELON 1 ••• **LE POUCE IMPÉRIAL**

a) oui
b) non
c) non
d) oui
e) non
f) oui
g) oui
h) non
i) non
j) oui
k) oui
l) non
m) oui
n) non
o) oui
p) oui
q) non
r) oui
s) non
t) non

## ⟨⟩ ÉCHELON 2 ••• LA TAUPE

a) des effets tunnel**s**

b) des officiers sapeur⟨s⟩

c) des groupes repère⟨s⟩

d) des cafés filtre⟨s⟩

e) des télés réalité**s**

f) des heures chrono**s**

g) des peuples victime⟨s⟩

h) des méthodes miracle⟨s⟩

i) des cartes mémoire⟨s⟩

j) des guerres éclair**s**

k) des cafés crème**s**

l) des tomates cerise**s**

m) des effets ricochet⟨s⟩

n) des vestes sport**s**

o) des effets domino**s**

## ⟨⟩ ÉCHELON 3 ••• LE CORRECTEUR D'ÉPREUVES

a) réseau

b) O. K.

c) O. K.

d) chiffon

e) O. K.

f) couleur

g) types

h) O. K.

i) diacres

j) miroir

k) O. K.

l) neige

m) O. K.

n) O. K.

o) bateau

# LE PLURIEL DES COMPLÉMENTS DU NOM DÉTERMINATIFS

## ÉPREUVE DE QUALIFICATION

**Écrivez correctement les compléments déterminatifs soulignés.**

1. En vacances, nous assisterons à de nombreux couchers de **soleil**. _____

2. Des chefs de **police** se sont réunis dans l'amphithéâtre. _____

3. Une colonie de **manchot** revient nicher dans cette région au printemps. _____

4. Ce dessert serait encore meilleur avec un coulis de **fraise**. _____

5. Berthe éternua lorsqu'elle aperçut l'amas de **poussière**. _____

6. Ce rat de bibliothèque se cache derrière sa pile de **livre**. _____

7. Le pâtissier met les gâteaux **au chocolat** au four. _____

8. Toutes les fins de **semaine**, nous visitons nos parents qui sont en résidence. _____

9. Les présidents de **compagnie pharmaceutique** gagnent de gros salaires. _____

10. Cette liqueur de **citron** me semble périmée à cause de sa couleur. _____

11. Au mois de septembre, les estivants quittent leurs maisons de **campagne**. _____

12. Cette politique affectera plusieurs classes de **travailleur**. _____

13. Manon a oublié sa liste d'**épicerie** sur le comptoir de la cuisine.

14. Nathan nous prépara sa fameuse gelée de **menthe**.

15. Les maîtres d'**école** qui t'ont enseigné seraient fiers de toi.

16. Le journal publiait une série d'**article** portant sur la dénatalité.

17. A-t-il enfin goûté à sa marmelade d'**abricot**?

18. Ces figurines sont des pièces de **collection** et non des jouets!

19. Pendant la nuit, j'aurais eu besoin de quelques couvertures de **laine**.

20. La salle d'**urgence** était bondée d'accidentés de la route.

21. Cet agriculteur cultive de nombreuses variétés de **céréale**.

22. Ce skieur sans **gant** pourrait souffrir d'engelures à la longue.

23. Nous participerons à une dégustation de **bière** pendant les festivités.

24. Grâce à ce cours, André a cultivé plusieurs types de **créativité**.

25. Donnez-moi un ordre de **grandeur** du prix total à payer.

## Chez l'entraîneur

**Le complément du nom déterminatif ou prépositionnel est un nom (parfois accompagné d'un adjectif) qui en précise un autre et qui est introduit par les prépositions À, AVEC, DE, EN, PAR, POUR ou SANS. Il est parfois difficile de savoir s'il doit se mettre au singulier ou au pluriel.**

Le complément du nom déterminatif introduit par la plupart des prépositions reste au singulier s'il comporte une idée d'unicité :

Ex. : *As-tu reçu la* $\boxed{soumission}$ *pour* <u>approbation</u> *?*
*Assisterons-nous à une* $\boxed{élection}$ *par* <u>acclamation</u> *?*

Le complément du nom déterminatif introduit par la plupart des prépositions prend la marque du pluriel s'il comporte une idée de pluralité :

Ex. : *La malade hospitalisée a reçu un* $\boxed{bouquet}$ *de* <u>fleurs</u>.
*Cette* $\boxed{brosse}$ <u>à cheveux</u> *me gratte le cuir chevelu.*

Le complément du nom déterminatif introduit par la préposition D' ou DE reste au singulier s'il exprime une espèce, une classe, une matière, une nature ou un concept abstrait :

Ex. : *Enlève ces* $\boxed{toiles}$ *d'*<u>araignée</u> *avec le balai.*
*Des* $\boxed{tempêtes}$ *de* <u>sable</u> *s'abattaient sur le désert.*

Le complément du nom déterminatif introduit par la préposition D' ou DE prend la marque du pluriel s'il exprime l'idée d'une quantité ou une diversité d'objets, de personnes ou de concepts qui peuvent être comptés :

Ex. : *Vous apercevrez la* $\boxed{chaîne}$ *de* <u>montagnes</u> *à l'horizon.*
*Le chien de berger surveillait le* $\boxed{troupeau}$ *de* <u>moutons</u>.

Le complément du nom déterminatif introduit par la préposition D' ou DE prend la marque du pluriel s'il accompagne un nom mis au pluriel et s'il est suivi lui-même d'un complément ou d'un adjectif :

Ex. : *Les* $\boxed{responsables}$ *de* <u>commissions</u> *scolaires prendront la bonne décision.*
*Les* $\boxed{ouvriers}$ *de* <u>chantiers</u> *navals votèrent pour la grève.*

Le complément du nom déterminatif introduit par la préposition D' ou DE reste au singulier s'il accompagne les mots GELÉE, JUS, LIQUEUR et SIROP :

Ex. : *Veux-tu un verre de* $\boxed{jus}$ *de* <u>pomme</u> *?*
*Ce kir est fait à base de* $\boxed{liqueur}$ *de* <u>framboise</u>.

Le complément du nom déterminatif introduit par la préposition D' ou DE prend la marque du pluriel s'il accompagne les mots CONFITURE, COMPOTE, COULIS, MARMELADE, PÂTE et PURÉE, sauf pour les ingrédients qui ne se comptent pas ou pour lesquels un seul suffit dans la recette tels que AUBERGINE, GRENADE, MELON, PIMENT, RHUBARBE, etc. :

Ex. : *Ces gâteaux sont recouverts de* pâte *d'amandes.*
*Nous tartinons notre pain de* confiture *de myrtilles.*

Le complément du nom déterminatif introduit par la préposition D' ou DE reste au singulier s'il accompagne les mots CATÉGORIE, CLASSE, ESPÈCE, FORME, GENRE, SORTE et TYPE employés au singulier et exprimant une idée abstraite qui ne peut être comptée :

Ex. : *Des psychologues étudièrent des* catégories *d'émotivité.*
*Selon moi, il existe plusieurs* sortes *de romantisme.*

Le complément du nom déterminatif introduit par la préposition D' ou DE prend la marque du pluriel s'il accompagne les mots CATÉGORIE, CLASSE, ESPÈCE, FORME, GENRE, SORTE et TYPE employés au pluriel et désignant un objet, une personne ou une idée concrète :

Ex. : *L'enquête visait certains* types *de personnes.*
*Tous les* genres *d'entreprises n'ont pas les mêmes avantages.*

Le complément du nom déterminatif introduit par la préposition EN reste la plupart du temps au singulier s'il comporte une idée d'unicité ou s'il désigne une idée abstraite qui ne peut être comptée :

Ex. : *Elle déposa les chatons dans un* panier *en osier.*
*Les* pommiers *en fleurs étaient bercés par le vent.*

Le complément du nom déterminatif introduit par la préposition SANS reste au singulier s'il comporte une idée d'unicité ou s'il désigne une idée abstraite qui ne peut être comptée :

Ex. : *La* gazelle *sans défense courait pour échapper aux hyènes.*
*L'*épiscopat *sans pitié condamna la sorcière au bûcher.*

Le complément du nom déterminatif introduit par la préposition SANS prend la marque du pluriel s'il exprime l'idée d'une quantité ou d'une diversité d'objets, de personnes ou de concepts qui peuvent être comptés, ou encore s'il relève d'une expression figée toujours au pluriel :

Ex. : *Un* ciel *sans nuages allait permettre le décollage de l'appareil.*
*Son* ambition *sans limites le mènera à la tête de la compagnie.*

# À L'ENTRAÎNEMENT

◖◗ ÉCHELON 1 ••• **LE SERPENT SIFFLEUR**

**Ajoutez un S entre les crochets s'il y a lieu.**

a) Quels sont les différents **points de vue** [　] à propos de la place qu'occupe la religion ?

b) Autrefois, le boulanger pétrissait sa pâte et la faisait cuire au **four à pain** [　].

c) Son fils a reçu une **bourse d'étude** [　] pour son entrée à l'université.

d) Cet avocat **sans cause** [　] devrait penser à poursuivre une autre carrière.

e) La fondation de cette maison fut édifiée en **blocs de ciment** [　].

f) On vend ce **genre de gadget** [　] dans les boutiques spécialisées.

g) La **soute à bagage** [　] de l'avion n'est ni pressurisée ni chauffée.

h) L'infirmière effectua plusieurs **prises de sang** [　], et ce, au grand dam de Chantal.

i) Je préfère le **jus avec pulpe** [　] plutôt que celui qui n'en contient pas.

j) La couturière confectionna les rideaux avec du **tissu à motif** [　].

k) Plusieurs **morts par strangulation** [　] ravivèrent la légende de l'Étrangleur de Boston.

l) Le prix de la police d'assurance varie selon la **catégorie de véhicule** [　].

m) La vie de cette actrice américaine ressemble à un **conte de fée** [　].

n) Des **objets en verre** [　] étaient exposés pour le plaisir des visiteurs du musée.

o) L'exterminateur installe des **pièges à rat** [　] dans chaque pièce de la maison.

p) Pénélope ne participera pas cette fois-ci à l'**échange de souhait** [   ].

q) Les cow-boys reconduiront leurs **bêtes à corne** [   ] à leur enclos.

r) Les sirènes, ces **créatures de rêve** [   ], tentèrent de séduire Ulysse.

s) Un peu de **gelée de porto** [   ] pour accompagner votre foie gras ?

t) Tout comme le melon d'eau, la poire est un **fruit à pépin** [   ].

## ▶◀ ÉCHELON 2 ••• **LE MULTIPLICATEUR**

## Mettez chaque expression au pluriel.

**a)** un linge à vaisselle _____

**b)** un article de journal _____

**c)** un nom de lieu _____

**d)** un imperméable avec capuchon _____

**e)** un fondateur d'agence matrimoniale _____

**f)** un phénomène de masse _____

**g)** un chien de traîneau à patins _____

**h)** une catastrophe sans précédent _____

**i)** un manche de râteau _____

**j)** un tronc d'arbre _____

**k)** un excès de vitesse _____

**l)** un drapeau de pays occidental _____

**m)** une bulle de savon _____

**n)** un éclat de rire _____

**o)** un marché d'alimentation _____

**p)** un coup de poing _____

**q)** un oiseau de proie _____

**r)** un bouchon de carafe _____

**s)** un manteau de fourrure _____

**t)** un bonnet pour enfant sage _____

CORRIGÉ À LA PAGE 52

## ◆◆ ÉCHELON 3 ••• **LE VISAGE À DEUX FACES**

**Pour chaque phrase, coloriez le visage qui sourit si elle est correcte et celui avec la moue si elle est incorrecte.**

a) Lors d'une expédition en Afrique, Grégoire marcha sur un nid de fourmi. ☺ ☹

b) Des faisceaux de lumières jaillirent de l'engin extraterrestre. ☺ ☹

c) Des gouttes de pluie réveillèrent l'homme resté longtemps inconscient. ☺ ☹

d) Déposez prudemment la pâte à beignet dans une friteuse. ☺ ☹

e) J'ai trouvé une paire de gants sur la banquette arrière de ma voiture. ☺ ☹

f) Le maire dévoilera les statues de bronze qui enjoliveront la mairie. ☺ ☹

g) De nouveaux mariés prévoient des lunes de miels envoûtantes. ☺ ☹

h) La menora hébraïque est un chandelier à branches. ☺ ☹

i) Le bambin portait un pyjama à rayure et des pantoufles. ☺ ☹

j) Des chiens de gardes surgirent de nulle part et effrayèrent l'intrus. ☺ ☹

k) Patrick porte une veste sans manche qui lui va à merveille. ☺ ☹

l) Le pangolin appartient à une espèce de mammifère vivant en Afrique. ☺ ☹

m) Cette botte à crampons te servira lors de l'escalade de la falaise. ☺ ☹

n) Ce condominium exigu ressemble à une cage à poules ! ☺ ☹

o) Margaret travaille dans une usine qui fabrique des produits sans arachide. ☺ ☹

p) Il vous faudra réparer ces toits d'ardoises avant l'hiver. ☺ ☹

q) Qui a rangé le vinaigre et l'huile dans l'armoire à épices ? ☺ ☹

r) Nous nous délectons de sa fameuse compote d'oignons. ☺ ☹

s) Le chevalier sans peur affronta le dragon qui crachait des flammes. ☺ ☹

t) Les poissons sont une classe de vertébré à part entière. ☺ ☹

JUGE

CORRIGÉ À LA PAGE 52

# CORRIGÉ DE L'ÉPREUVE DE QUALIFICATION

## LE PLURIEL DES COMPLÉMENTS DU NOM DÉTERMINATIFS

1. soleil
2. police
3. manchots
4. fraises
5. poussière
6. livres
7. au chocolat
8. semaine
9. compagnies pharmaceutiques
10. citron
11. campagne
12. travailleurs
13. épicerie
14. menthe
15. école
16. articles
17. abricots
18. collection
19. laine
20. urgence
21. céréales
22. gants
23. bières
24. créativité
25. grandeur

# CORRIGÉ DES EXERCICES D'ENTRAÎNEMENT

## LE PLURIEL DES COMPLÉMENTS DU NOM DÉTERMINATIFS

### ÉCHELON 1 ••• LE SERPENT SIFFLEUR

a) points de vue
b) four à pain
c) bourse d'étude [s]
d) sans cause
e) blocs de ciment
f) genre de gadget [s]
g) soute à bagage [s]
h) prises de sang
i) jus avec pulpe
j) tissu à motif [s]
k) morts par strangulation
l) catégorie de véhicule [s]

m) conte de fée [s]

n) objets en verre

o) pièges à rat [s]

p) échange de souhait [s]

q) bêtes à corne [s]

r) créatures de rêve

s) gelée de porto

t) fruit à pépin [s]

## ÉCHELON 2 ••• LE MULTIPLICATEUR

a) des linges à vaisselle

b) des articles de journaux

c) des noms de lieux

d) des imperméables avec capuchon

e) des fondateurs d'agences matrimoniales

f) des phénomènes de masse

g) des chiens de traîneaux à patins

h) des catastrophes sans précédent

i) des manches de râteaux

j) des troncs d'arbres

k) des excès de vitesse

l) des drapeaux de pays occidentaux

m) des bulles de savon

n) des éclats de rire

o) des marchés d'alimentation

p) des coups de poings

q) des oiseaux de proie

r) des bouchons de carafes

s) des manteaux de fourrure

t) des bonnets pour enfants sages

## ÉCHELON 3 ••• LE VISAGE À DEUX FACES

a) ☹ nid de fourmis

b) ☹ faisceaux de lumière

c) ☺

d) ☹ pâte à beignets

e) ☺

f) ☺

g) ☹ lunes de miel

h) ☺

i) ☹ pyjama à rayures

j) ☹ chiens de garde

k) ☹ veste sans manches

l) ☹ espèce de mammifères

m) ☺

n) ☺

o) ☹ produits sans arachides

p) ☹ toits d'ardoise

q) ☺

r) ☺

s) ☺

t) ☹ classe de vertébr

# LE CHOIX DE L'AUXILIAIRE DANS LES TEMPS COMPOSÉS

## ÉPREUVE DE QUALIFICATION

**Pour chaque verbe placé entre parenthèses, choisissez l'auxiliaire AVOIR ou ÊTRE et accordez ce dernier au présent de l'indicatif afin d'obtenir un participe passé, que vous accorderez s'il y a lieu :**

1. Les voleurs (**partir**) dans cette direction ! _____

2. Les voisins (**déménager**) dans un
   autre quartier. _____

3. Vous vous (**donner**) des défis quasi
   insurmontables. _____

4. La météorite (**détruire**) la station spatiale. _____

5. Ce ragoût (**mijoter**) à feu doux pendant
   plusieurs heures. _____

6. Les randonneurs (**remonter**) le sentier
   jusqu'à leur cabane. _____

7. Lucie (**sortir**) pour cueillir des framboises. _____

8. Tes amis (**passer**) pour te voir en ton absence. _____

9. La nouvelle édition du journal (**paraître**)
   vendredi dernier. _____

10. Les riverains (**vendre**) leur propriété. _____

11. Le vil personnage (**concevoir**) un
    plan machiavélique. _____

12. La serveuse (**remplir**) notre pichet
    d'eau bien froide.                                    _____

13. En m'apercevant, la marmotte (**retourner**)
    dans son terrier.                                     _____

14. Nous nous (**réveiller**) en sursaut ce matin.        _____

15. Les bûcherons (**fendre**) du bois pour
    le chauffage.                                         _____

16. Le magicien (**sortir**) un lapin de son chapeau.     _____

17. Le chat ronronnant (**rentrer**) ses griffes.         _____

18. Les forts vents (**déraciner**) l'arbre centenaire.   _____

19. Un fantôme (**apparaître**) devant elle, dans
    le corridor.                                          _____

20. Tu (**retourner**) au magasin le grille-pain
    défectueux.                                           _____

21. Un témoin (**corroborer**) sa version des faits.      _____

22. Les moutons (**rentrer**) dans la bergerie.           _____

23. Vous (**remonter**) au grenier malgré
    mon interdiction.                                     _____

24. Son comportement lui (**paraître**) étrange.          _____

25. Le menuisier (**clouer**) la charpente
    de la bâtisse.                                        _____

JUGE

CORRIGÉ À LA PAGE 62

## Chez l'entraîneur

**Les temps composés, soit le passé composé, le plus-que-parfait, le passé antérieur, le futur antérieur, le subjonctif passé, le subjonctif plus-que-parfait, le conditionnel présent, le conditionnel passé, l'impératif passé et l'infinitif passé, se construisent avec un auxiliaire, soit AVOIR ou ÊTRE, et un participe passé[1]. Mais quel auxiliaire choisir ?**

Tous les verbes pronominaux, donc ceux qui sont accompagnés d'un pronom réfléchi (désignant la même personne que le sujet), ont pour auxiliaire ÊTRE :

> Ex. : *L'ouvrier s'**était** remis au travail.*
>
> *Je me **suis** levé ce matin avec une migraine.*

Tous les verbes transitifs directs, donc ceux qui sont accompagnés d'un complément direct dans la phrase, ont pour auxiliaire AVOIR :

> Ex. : *Ce spectacle t'**aurait** grandement impressionné…*
>
> *Nous **avons** reçu une carte postale ce matin.*

Tous les verbes employés à la voix passive ont pour auxiliaire ÊTRE :

> Ex. : *Son visage **est** enlaidi par cette vilaine cicatrice.*
>
> *Ces enfants **furent** transformés par cette expérience.*

Les verbes intransitifs, donc ceux qui ne sont pas accompagnés d'un complément direct ou indirect dans la phrase, ont pour auxiliaire AVOIR :

> Ex. : *Les carottes **avaient** bouilli dans la casserole.*
>
> *Les pizzas **auront** cuit dans le four à bois.*

---

[1] Attention : certains adjectifs qualificatifs peuvent passer pour des participes passés, mais ils n'en sont pas. Ils suivent alors les règles d'accord de l'adjectif qualificatif. Par exemple, dans la phrase « La discussion a dégénéré », on a affaire à un verbe, tandis que dans la phrase « Leurs mœurs sont dégénérées », on a affaire à un adjectif qualificatif.

Les verbes dits de mouvement, comme les verbes ADVENIR, ALLER, ARRIVER, CHOIR, DÉCÉDÉR, DEVENIR, INTERVENIR, MOURIR, NAÎTRE, OBVENIR, PARTIR, PARVENIR, PROVENIR, REDEVENIR, REPARTIR, RESTER, RETOMBER, REVENIR, SURVENIR, TOMBER et VENIR, ont pour auxiliaire ÊTRE :

> Ex. : *Vous **êtes** restés à votre poste malgré la tempête.*
>
> *Les passagers **étaient** enfin parvenus à destination.*

Certains verbes, comme AUGMENTER, CONSTRUIRE, DÉBARQUER, DÉMÉNAGER, DESCENDRE, ENTRER, MONTER, REDÉMÉNAGER, REDESCENDRE, REMONTER, RENTRER, RESSORTIR, RETOURNER et SORTIR, ont pour auxiliaire ÊTRE, sauf lorsqu'ils comportent un complément direct, auquel cas ils ont alors pour auxiliaire AVOIR :

> Ex. : *Tu **es** descendu par l'escalier, mais tu n'**as** pas descendu mon oreiller.*
>
> *Nous **sommes** rentrés dans la maison et nous **avons** rentré nos bagages.*

Certains verbes, comme ABOUTIR, ACCOUCHER, ACCOURIR, APPARAÎTRE, ATTERRIR, AUGMENTER, BAISSER, CHANGER, CHAVIRER, CREVER, DÉBARQUER, DÉCAMPER, DÉCHOIR, DÉGELER, DÉMÉNAGER, DÉCROÎTRE, DIMINUER, DISPARAÎTRE, ÉCHOIR, ÉCLORE, PASSER, RÉAPPARAÎTRE, REDÉMÉNAGER, REPARAÎTRE, RESSUSCITER, RÉSULTER, SONNER, SURGIR, TRÉBUCHER et TRÉPASSER peuvent avoir pour auxiliaire AVOIR lorsqu'ils expriment l'action ou ÊTRE lorsqu'ils expriment le résultat de cette action :

> Ex. : *Un monstre difforme **a** surgi de la penderie.*
>
> *Un monstre difforme **est** surgi de la penderie.*

Certains verbes, comme CONVENIR, DISCONVENIR, DE-MEURER, EXPIRER et PARAÎTRE, peuvent avoir pour auxiliaire AVOIR ou ÊTRE selon le sens qu'ils ont dans la phrase :

> Ex. : *Nous **avons** demeuré à Montréal pendant quelques années.*
>
> *Mireille **serait** demeurée impassible devant ses remarques.*

# À L'ENTRAÎNEMENT

〈─〉 ÉCHELON 1 ••• **LE MOI ET L'AUTRE**

**Pour chaque verbe placé entre parenthèses, encerclez le ou les personnages qui conviennent le mieux quant au choix de l'auxiliaire.**

a) La navette spatiale
(**atterrir**) sur la piste.    a atterri      est atterrie

b) Le musée (**acquérir**)
une momie ancienne.    aurait acquis      serait acquis

c) Cette malade (**aller**)
chez le médecin.    avait allé      était allée

d) Vous vous (**blottir**)
l'un contre l'autre.    avez blotti      êtes blottis

e) J'aimerais savoir ce qu'il
(**advenir**) de lui.    a advenu      est advenu

f) Ils (**crouler**) longtemps
sous les dettes.    ont croulé      sont croulés

g) Le tsunami (**engloutir**)
plusieurs villages côtiers.    aura englouti      sera englouti

h) Il (**pleuvoir**) à boire debout
pendant tout l'été.    a plu      est plu

i) Le lion s' (**échapper**)
du jardin zoologique.    avait échappé      était échappé

j) Des incidents fâcheux
(**survenir**) dans la nuit.    ont survenu      sont survenus

k) Nous nous (**laver**) avec du savon parfumé.    avons lavé    sommes lavés

l) Sa figure (**resplendir**) sous la lumière du soleil.    a resplendi    est resplendi

m) Le chauffeur (**monter**) à bord de son taxi.    a monté    est monté

n) Il (**entendre**) une voix sépulcrale dans la grotte.    aurait entendu    serait entendu

o) Nous (**subir**) des traitements cruels.    avons subi    sommes subis

p) Dans le jardin, les fleurs (**éclore**).    ont éclos    sont écloses

q) Vous vous (**établir**) dans la banlieue.    aviez établi    étiez établis

r) Ce spectacle multimédia leur (**plaire**).    a plu    est plu

s) L'escaladeur s' (**rompre**) la colonne en tombant.    avait rompu    était rompu

t) Les secouristes (**accourir**) pour lui porter secours.    ont accouru    sont accourus

CORRIGÉ À LA PAGE **62**

## ⟨⊕⟩ ÉCHELON 2 ••• LE SUSPECT POINTÉ DU DOIGT

**Surlignez l'auxiliaire mis en caractère gras qui est approprié et accordez le participe passé s'il y a lieu.**

a)  Les voyous **ont / sont** déguerpi (   ) en entendant les sirènes de police.

b)  Les clients **avaient / étaient** sorti (   ) en trombe du magasin.

c)  L'autobus **aurait / serait** arrivé (   ) à destination il y a de ça une heure.

d)  Les gamins **s'avaient / s'étaient** caché (   ) derrière un buisson pour me faire peur.

e)  Ce chauffard **avait / était** failli (   ) percuter le pylône électrique.

f)  Les prix de l'essence à la pompe **ont / sont** augmenté (   ).

g)  Des archéologues **ont / sont** pénétré (   ) dans ce temple maya.

h)  Vos plaies **s'avaient / s'étaient** cicatrisé (   ) avec le temps.

i)  De quel endroit nous **a / est** provenu (   ) cette lettre ?

j)  Vous **avez / êtes** fini (   ) de nous regarder comme ça !

k)  Ce chien idiot **s'avait / s'était** mordu (   ) la queue.

l)  Cet homme **aura / sera** croupi (   ) en prison pendant plusieurs années.

m) Le premier ministre **aurait / serait** intervenu (   ) dans cette affaire.

n)  Ma tante **avait / était** stationné (   ) son véhicule dans un endroit interdit.

o)  Ils **s'ont / se sont** servi (   ) une pointe de tarte aux fraises.

p)  Ces réfugiés **ont / sont** fui (   ) la guerre dans leur pays.

q)  Le chat **a / est** retombé (   ) sur ses quatre pattes.

r)  La chanteuse **aurait / serait** déçu (   ) ses admirateurs.

s)  Quels sont les rebondissements qui **ont / sont** résulté (   ) de cette action ?

t)  Les extraterrestres **ont / sont** reparti (   ) dans leur soucoupe volante.

⟨⊢⊢⟩ É C H E L O N  3 ••• **LE CORRECTEUR D'ÉPREUVES**

**Dans les phrases suivantes, soulignez tout verbe composé d'un auxiliaire et d'un participe passé. Biffez tout auxiliaire inapproprié, puis remplacez-le par celui qui convient. Accordez le participe passé s'il y a lieu. Si la phrase ne contient aucune erreur, inscrivez l'adjectif O.K.**

a) Nous nous avons écrit des lettres pendant qu'il vivait en Belgique. _____

b) Vous auriez pu nous téléphoner afin de nous rassurer. _____

c) Je suis trébuché sur un caillou en dévalant la côte. _____

d) Les étudiants auront obtenu leur diplôme au terme de leurs études. _____

e) Les ouvriers sont entrepris de faire la grève dans ce conflit de travail. _____

f) Ces quintuplés seront nés prématurément. _____

g) Les toilettes sont débordées à cause des reflux d'égouts. _____

h) Les fuyards ont abouti devant une clôture de barbelés. _____

i) Le boulanger furieux aurait raccroché son tablier. _____

j) Les amoureux s'ont choisi une table à l'écart. _____

k) Le pauvre n'a pas su agripper le câble pour se sortir du torrent. _____

l) Le décor est changé : je ne le reconnais plus. _____

m) Nous avons demeuré silencieux pendant un moment. _____

n) T'avais-tu reconnu dans cette description ? _____

o) Les ennemis ont mû leurs bras en signe de reddition. _____

p) Son père a trépassé pendant son sommeil. _____

q) Vous avez été poursuivis par des loups. _____

r) Le prêtre aura marié ces deux tourtereaux. _____

s) Ce contrat serait expiré la semaine dernière. _____

t) Les fillettes s'avaient tenu par la main pour traverser la rue. _____

# CORRIGÉ
## DE L'ÉPREUVE DE QUALIFICATION

## LE CHOIX DE L'AUXILIAIRE DANS LES TEMPS COMPOSÉS

1. sont partis

2. ont déménagé ou sont déménagés

3. êtes donné

4. a détruit

5. a mijoté

6. ont remonté

7. est sortie

8. sont passés

9. a paru ou est parue

10. ont vendu

11. a conçu

12. a rempli

13. est retournée

14. sommes réveillés

15. ont fendu

16. a sorti

17. a rentré

18. ont déraciné

19. a apparu ou est apparu

20. as retourné

21. a corroboré

22. sont rentrés

23. êtes remontés

24. a paru

25. a cloué

# CORRIGÉ
## DES EXERCICES D'ENTRAÎNEMENT

## LE CHOIX DE L'AUXILIAIRE DANS LES TEMPS COMPOSÉS

◑◐ ÉCHELON 1 ••• **LE MOI ET L'AUTRE**

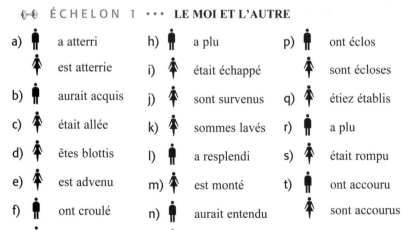

a) a atterri / est atterrie

b) aurait acquis

c) était allée

d) êtes blottis

e) est advenu

f) ont croulé

g) aura englouti

h) a plu

i) était échappé

j) sont survenus

k) sommes lavés

l) a resplendi

m) est monté

n) aurait entendu

o) avons subi

p) ont éclos / sont écloses

q) étiez établis

r) a plu

s) était rompu

t) ont accouru / sont accourus

## ◖–◗ ÉCHELON 2 ••• LE SUSPECT POINTÉ DU DOIGT

a) **ont** déguerpi

b) **étaient** sorti<u>s</u>

c) **serait** arrivé

d) **s'étaient** caché<u>s</u>

e) **avait** failli

f) **ont** augmenté ou **sont** augmenté<u>s</u>

g) **ont** pénétré

h) **s'étaient** cicatris<u>ées</u>

i) **est** provenu<u>e</u>

j) **avez** fini

k) **s'était** mordu

l) **aura** croupi

m) **serait** intervenu

n) **avait** stationné

o) **se sont** servi

p) **ont** fui

q) **est** retombé

r) **aurait** déçu

s) **ont** résulté

t) **sont** reparti<u>s</u>

## ◖–◗ ÉCHELON 3 ••• LE CORRECTEUR D'ÉPREUVES

a) ~~avons~~ sommes

b) O.K.

c) ~~suis~~ ai

d) O.K.

e) ~~sont~~ ont

f) O.K.

g) ~~sont~~ ont débordé (*être débordé signifie être surchargé*)

h) O.K.

i) O.K.

j) ~~s'ont~~ se sont

k) O.K.

l) O.K., l'auxiliaire AVOIR convient également

m) ~~avons~~ sommes demeuré<u>s</u>

n) ~~avais~~ étais

o) O.K.

p) O.K.

q) O.K.

r) O.K.

s) ~~serait~~ aurait

t) ~~avaient~~ étaient tenu<u>es</u>